T0108110

Milet

Picture Dictionary

English • Somali

Milet Publishing
Smallfields Cottage
Rudgwick, Horsham
West Sussex RH12 3DE
England
info@milet.com
www.milet.com
www.milet.co.uk

First English-Somali edition published by Milet Publishing in 2003

Copyright © Milet Publishing, 2003

ISBN 9781840593594

Text by Sedat Turhan
Illustrated by Sally Hagin

All rights reserved. No part of this publication may be reproduced in any form or by any means without the written permission of the publishers.

Printed and bound in Turkey by Metro Matbaacılık Ltd Sti, April 2019.

Milet Picture Dictionary

English • Somali

Text by **Sedat Turhan**

Illustrations by **Sally Hagin**

COLOURS/COLORS
MIDABADA

red
guduud

orange
oranji

yellow
jaalle

green
cagaar

blue
buluug

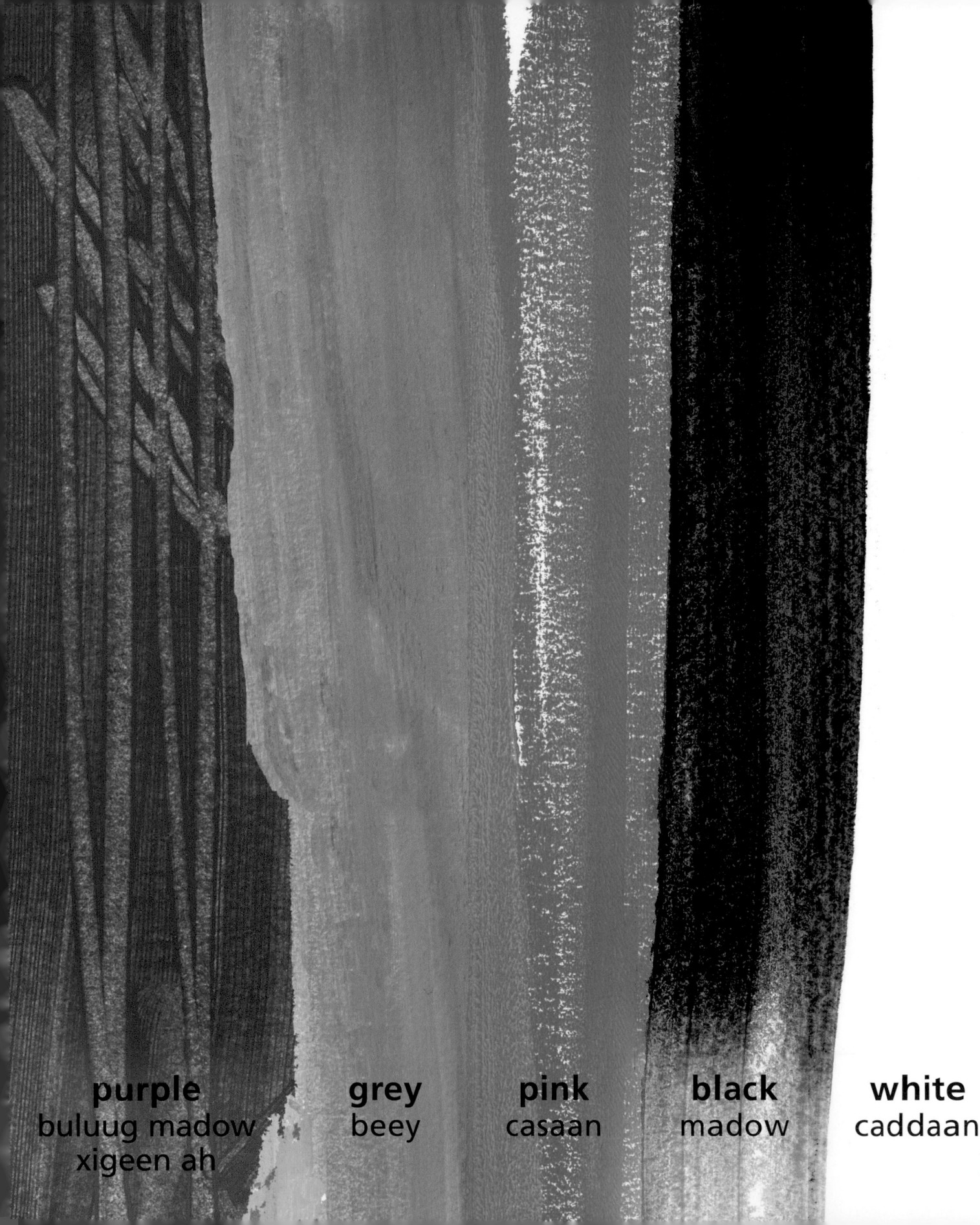
purple
buluug madow
xigeen ah
grey
beey
pink
casaan
black
madow
white
caddaan

PLANTS
GEEDAHA

lily
ubax dayreed
branch
laan
daffodil
dafodil
leaf
caleen
watering can
caagga waraabiska
cactus
dacar
plant pot
dheriga ubaxa

FRUIT
KHUDAAR
cherry
sheeri
kiwi
kiiwi
apricot
mishmish
pear
guwaafe
fig
tiin
peach
khuukh
strawberry
farawla
banana
moos
mango
canbe

orange
burtuqaal
apple
tufaax
blueberry
canab duureed
lemon
liin dhanaan
grapes
canab
avocado
afokado
raspberry
rasberi
grapefruit
bambeelmo
pineapple
caananaas

ANIMALS
XAYAWAANKA

polar bear
xoorka cirifyada
penguin
shimbir
badeed
duck
boolo boolo
cow
sac
rooster
diiq
sheep
ido
goat
ri'
horse
faras

ANIMALS & INSECTS
XAYAWAANKA & CAYAYAANKA

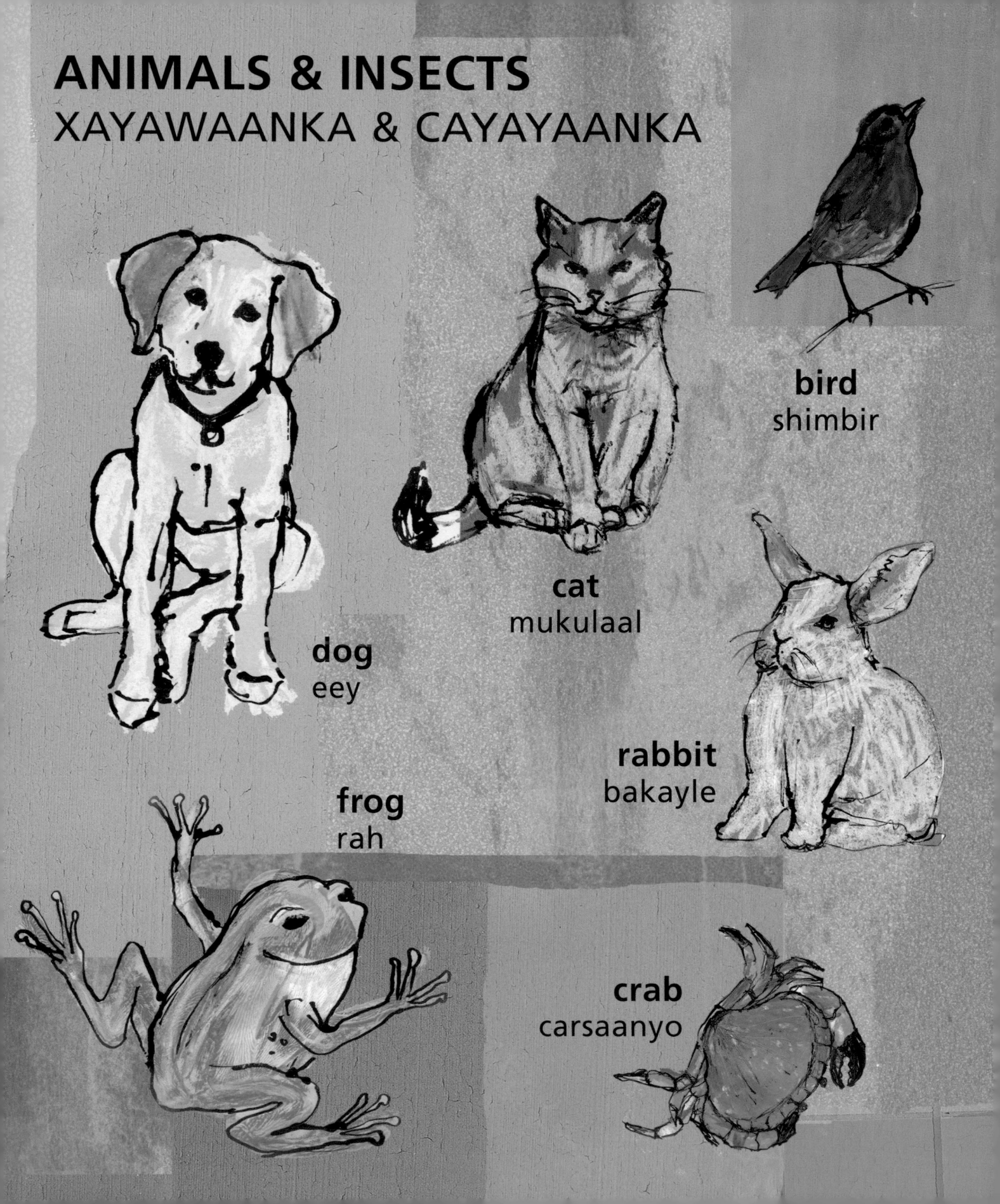

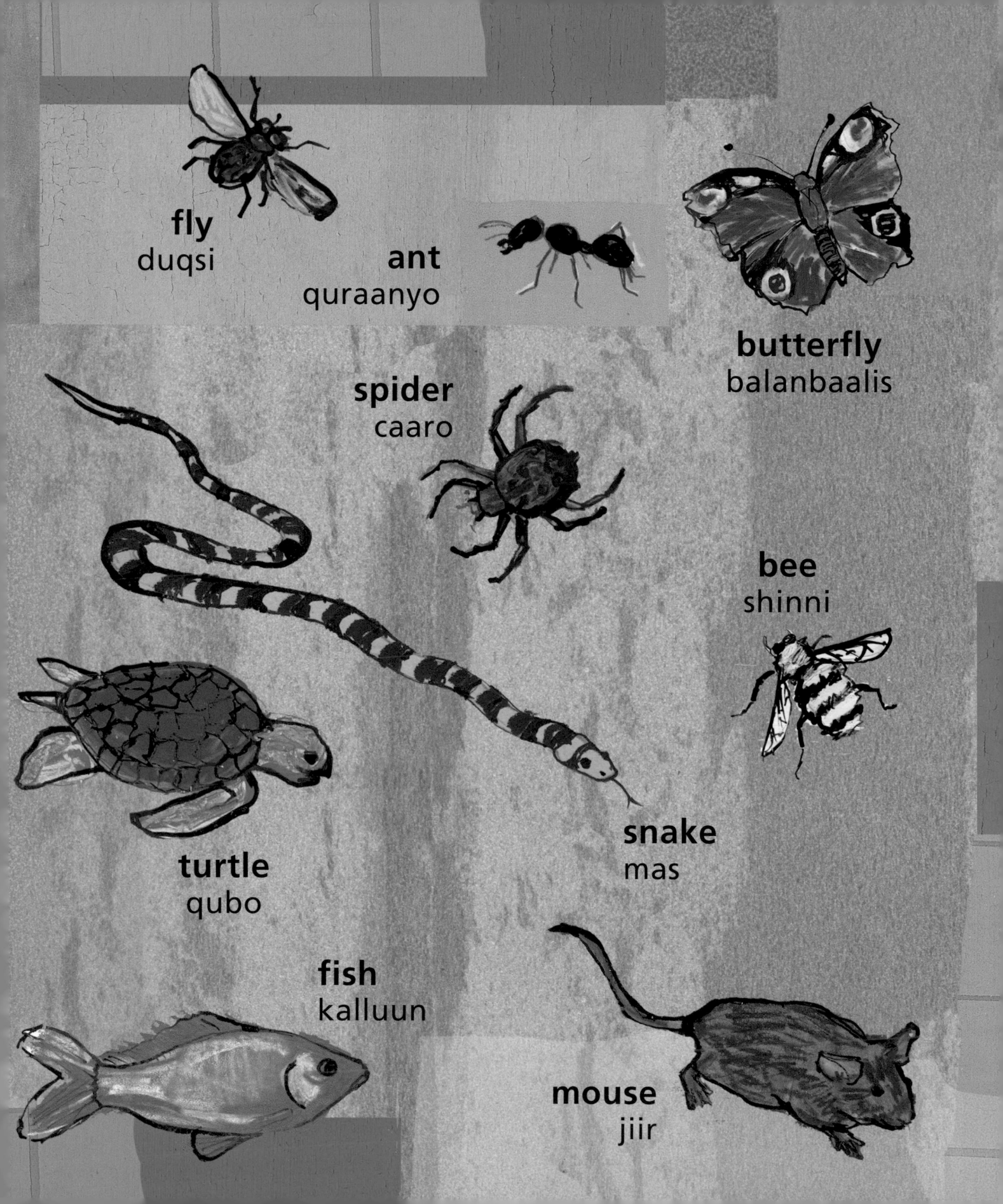
fly
duqsi
ant
quraanyo
butterfly
balanbaalis
spider
caaro
bee
shinni
turtle
qubo
snake
mas
fish
kalluun
mouse
jiir

HUMAN BODY
JIRKA BANIAADAMKA

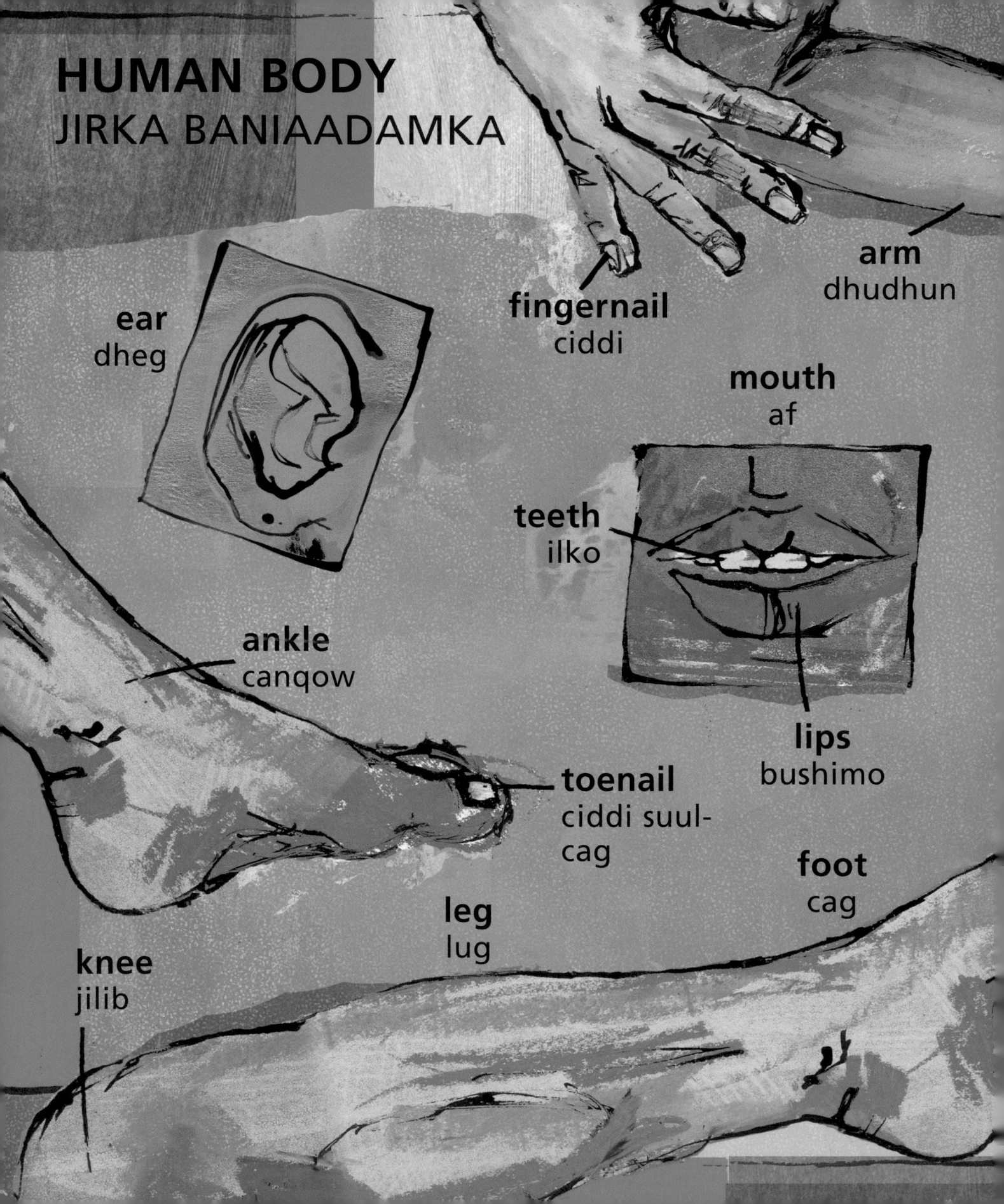

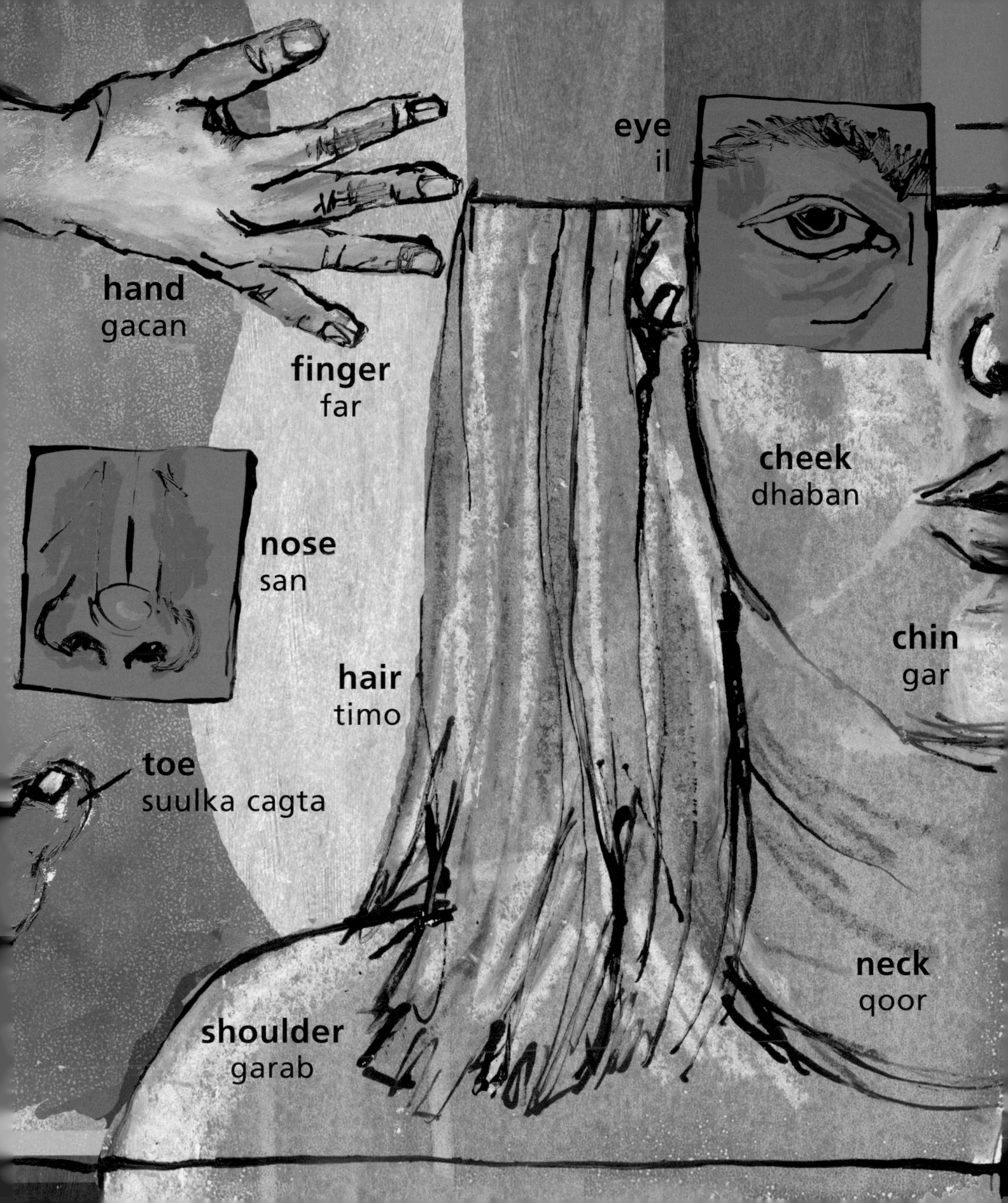
hand
gacan
finger
far
eye
il
cheek
dhaban
nose
san
chin
gar
hair
timo
toe
suulka cagta
neck
qoor
shoulder
garab

HOUSE & LIVING ROOM
GURIGA IYO BERSADDA

roof
saqaf

chimney
qiiq-qaade

house
guri

door
albaab

armchair
kursi gacmo leh

key
fure

candle
shumac

light bulb
guluub

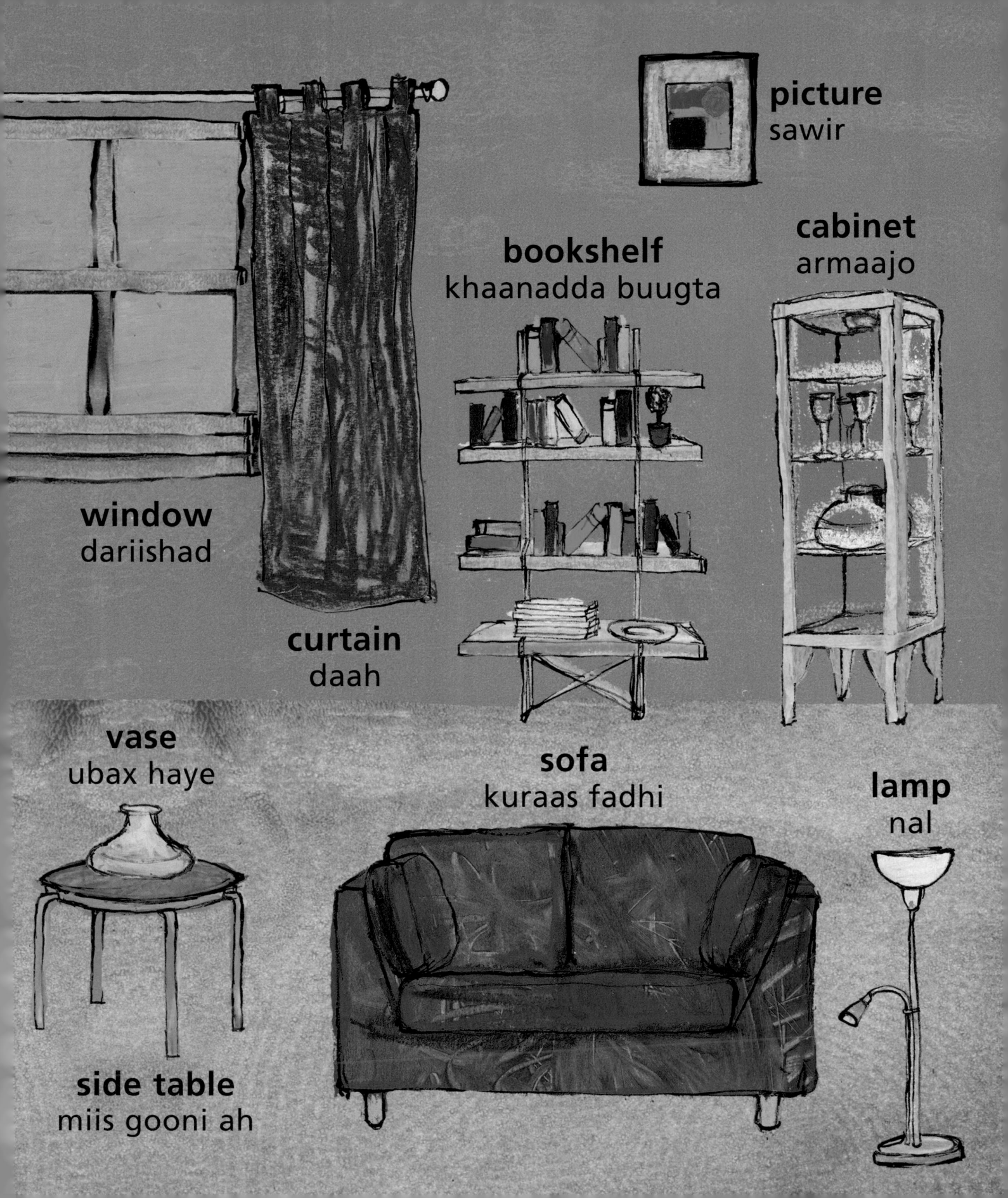
picture
sawir
cabinet
armaajo
bookshelf
khaanadda buugta
window
dariishad
curtain
daah
vase
ubax haye
sofa
kuraas fadhi
lamp
nal
side table
miis gooni ah

KITCHEN
JIKADA
bowl
baaquli
glass
bakeeri
refrigerator
firintijeer
plate
saxan
napkin
af tir tir
teapot
kirli
cup
koob
table
miis
chair
kursi

spoon
malqacad
knife
mindi
fork
fargeeto
frying pan
digsiga shiilidda
saucepan
digsiga maraqa
oven mitt
dharixajiso
dishcloth
maro alaab-tirid
toaster
rooti diiriso
stove
makiinadda
kariska
sink
waji dhaqa
oven
kululeyso

VEGETABLES
QUDAARTA

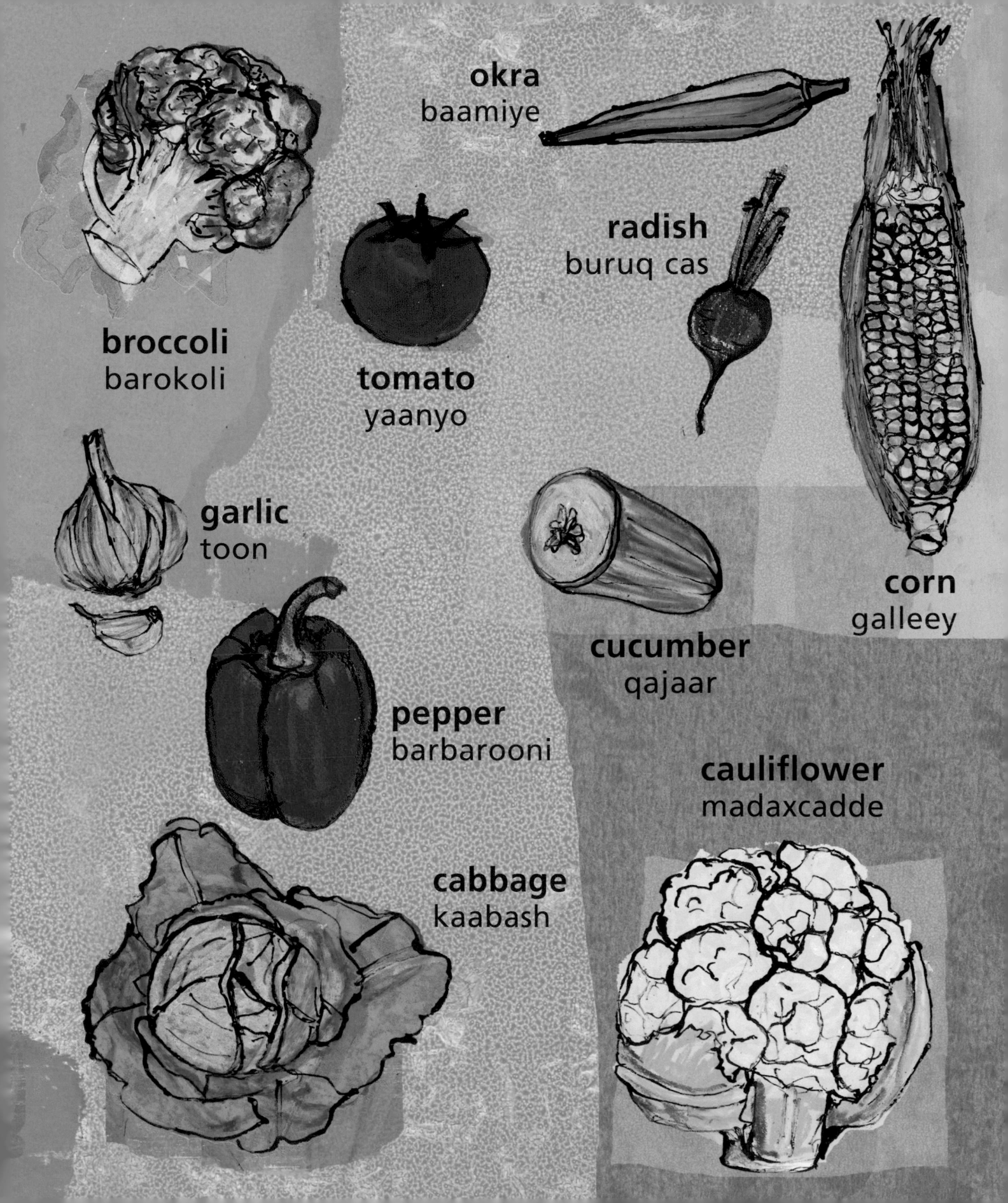
okra
baamiye
radish
buruq cas
broccoli
barokoli
tomato
yaanyo
garlic
toon
corn
galleey
cucumber
qajaar
pepper
barbarooni
cauliflower
madaxcadde
cabbage
kaabash

FOOD
CUNTADA

cereal
xubuub
raisins
sabiib
fries
bataati shiilan
oil
saliid
spaghetti
baasto
fruit juice
casiir qudradeed
chocolate
shukulaato
cake
doolshe
ice cream
jallaato

BATHROOM
MUSQUSHA QUBEYSKA

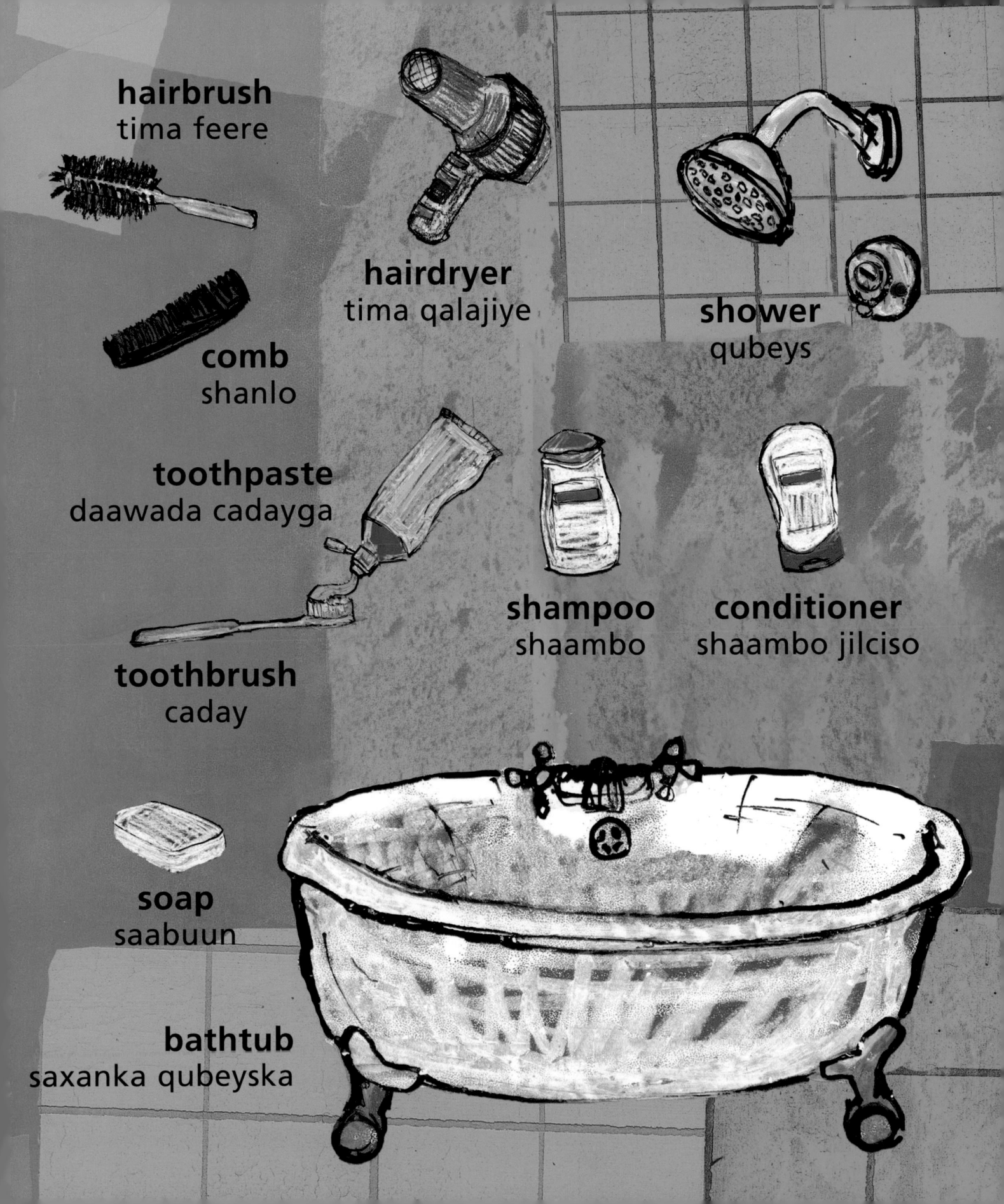
hairbrush
tima feere
hairdryer
tima qalajiye
shower
qubeys
comb
shanlo
toothpaste
daawada cadayga
shampoo
shaambo
conditioner
shaambo jilciso
toothbrush
caday
soap
saabuun
bathtub
saxanka qubeyska

BEDROOM
QOLKA HURDADA

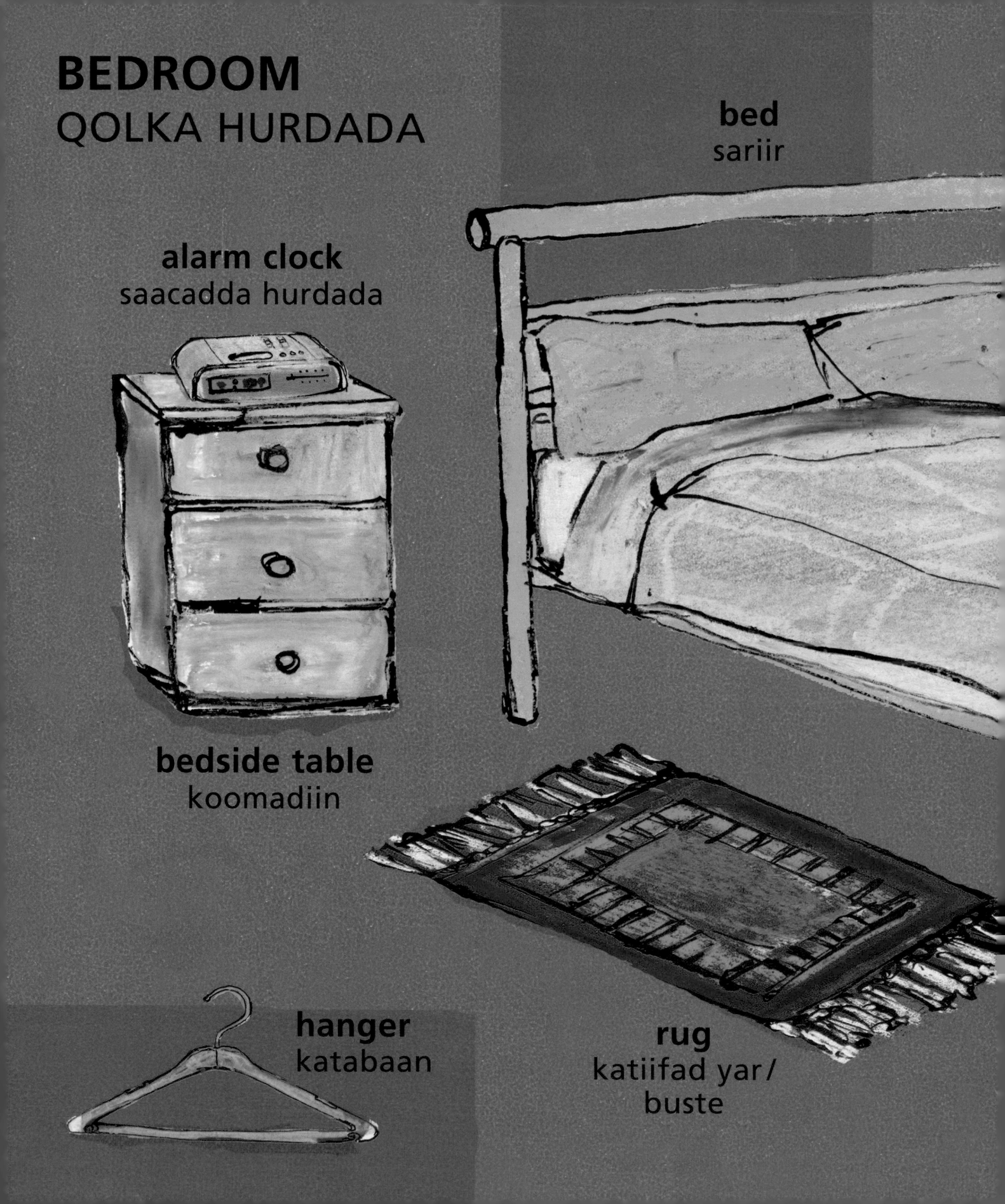

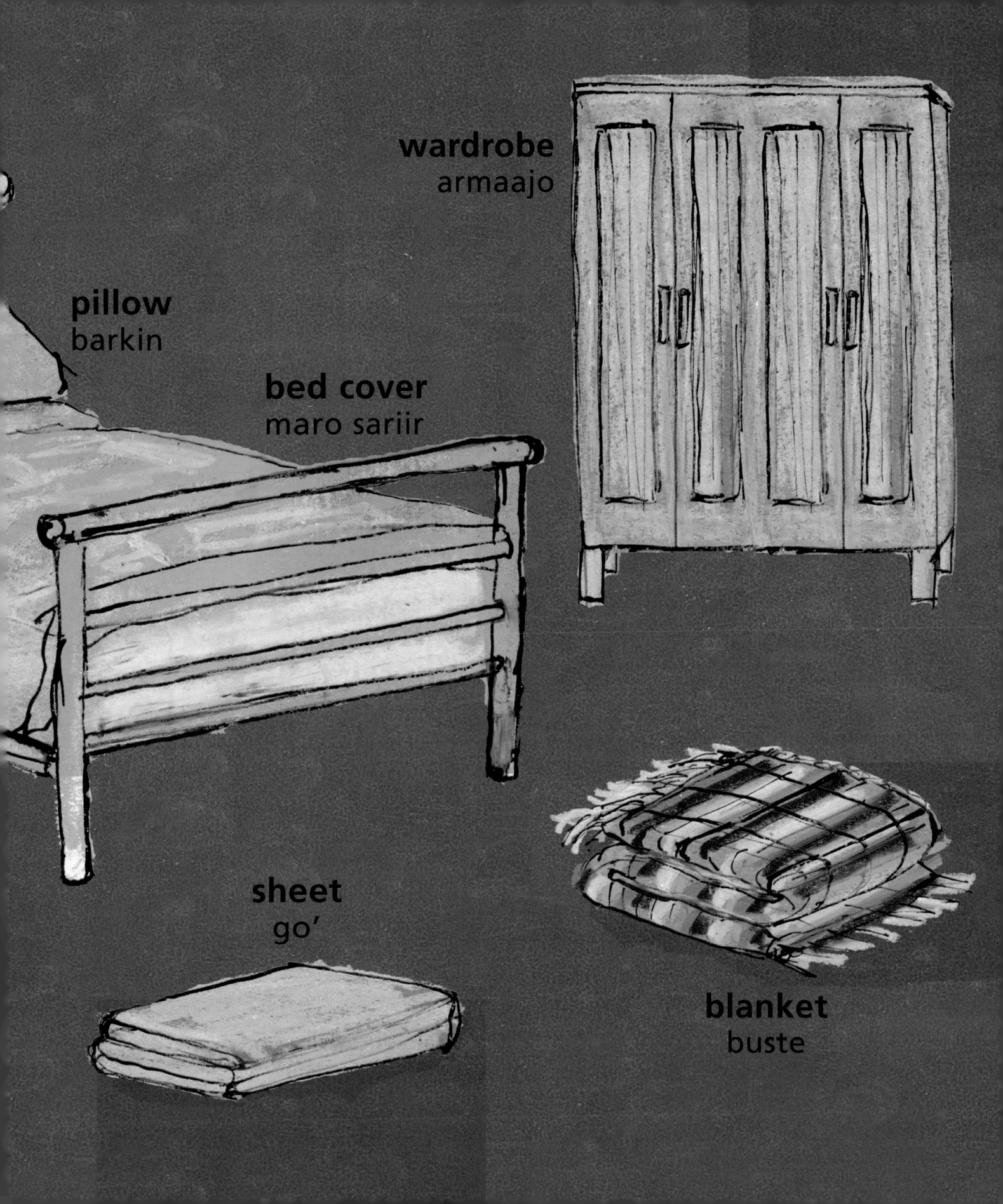
wardrobe
armaajo
pillow
barkin
bed cover
maro sariir
sheet
go'
blanket
buste

CLOTHING
DHARKA LA XIRTO

scarf
masar
backpack
boorsada
dhabarka
skirt
goono
shirt
shaati
handbag
boorso
socks
sharabaado
belt
suun
jeans
jiinis
pyjamas
dharka hurdada
shoes
kabo
shorts
daba gaab

COMMUNICATIONS
ISGAARSIINTA

telephone
telefoon

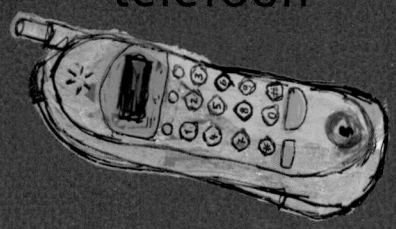

television
telefishin

DVD player
DVD wade

video recorder
fiidyow wade

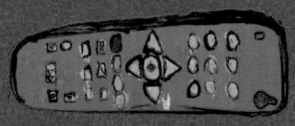

remote control
fogaal hage

stereo
rikoor

video camera
sawir qaade socda

camera
sawir qaade

TOOLS
ALAABTA

SCHOOL & OFFICE
DUGSIGA IYO XAFIISKA

calculator
xisaabiye
stapler
dabbaasad
tape
koollo
paints
rinji
paintbrush
burushka rinjiga
pen
qalin
envelope
boqshad
computer
kombiyuutar
desk
miis
notebook
xusuus qor

NUMBERS
TIRADA

one
koow

two
laba

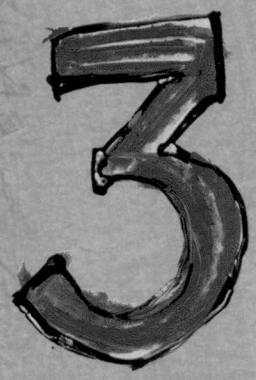

three
saddex

four
afar

five
shan

six
lix

seven
toddoba

eight
siddeed

nine
sagaal

ten
toban

SHAPES
QAABABKA

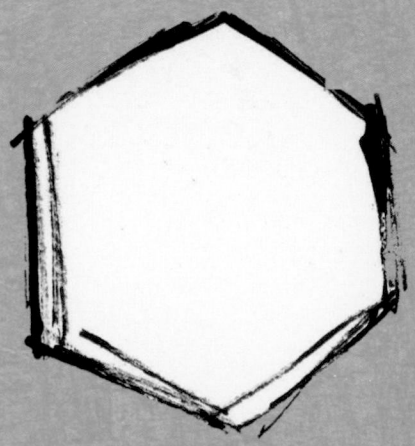

hexagon
lix geesle

rectangle
afar geesle

square
afar gees isleeg

oval
qaab
ukumeed

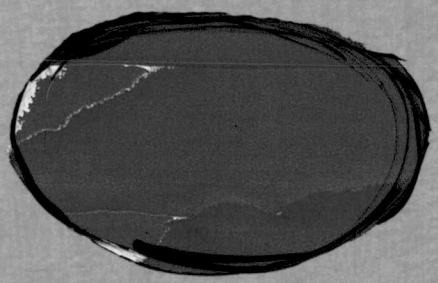

circle
wareeg

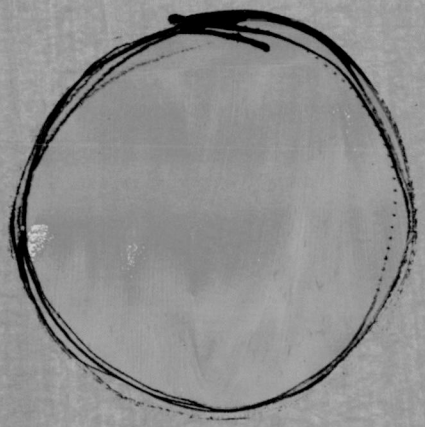

triangle
saddex gees

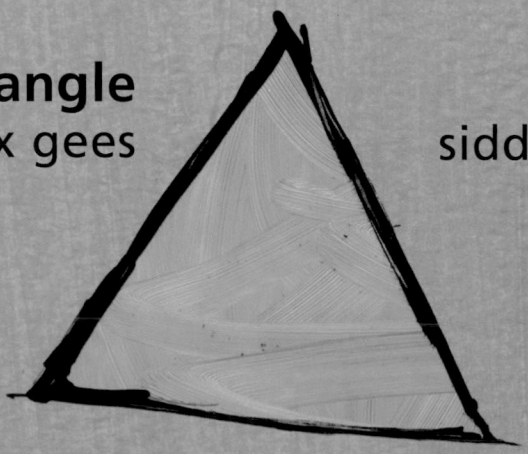

octagon
siddeed geesle

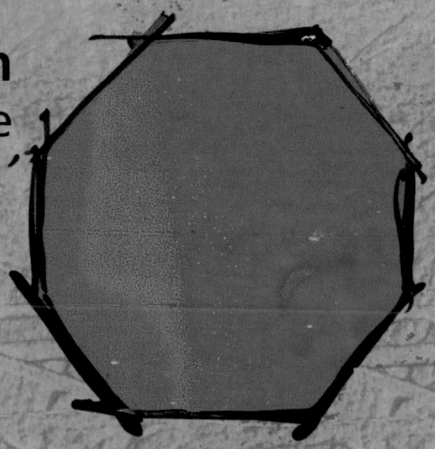

MUSICAL INSTRUMENTS
QALABKA MUUSIKADA

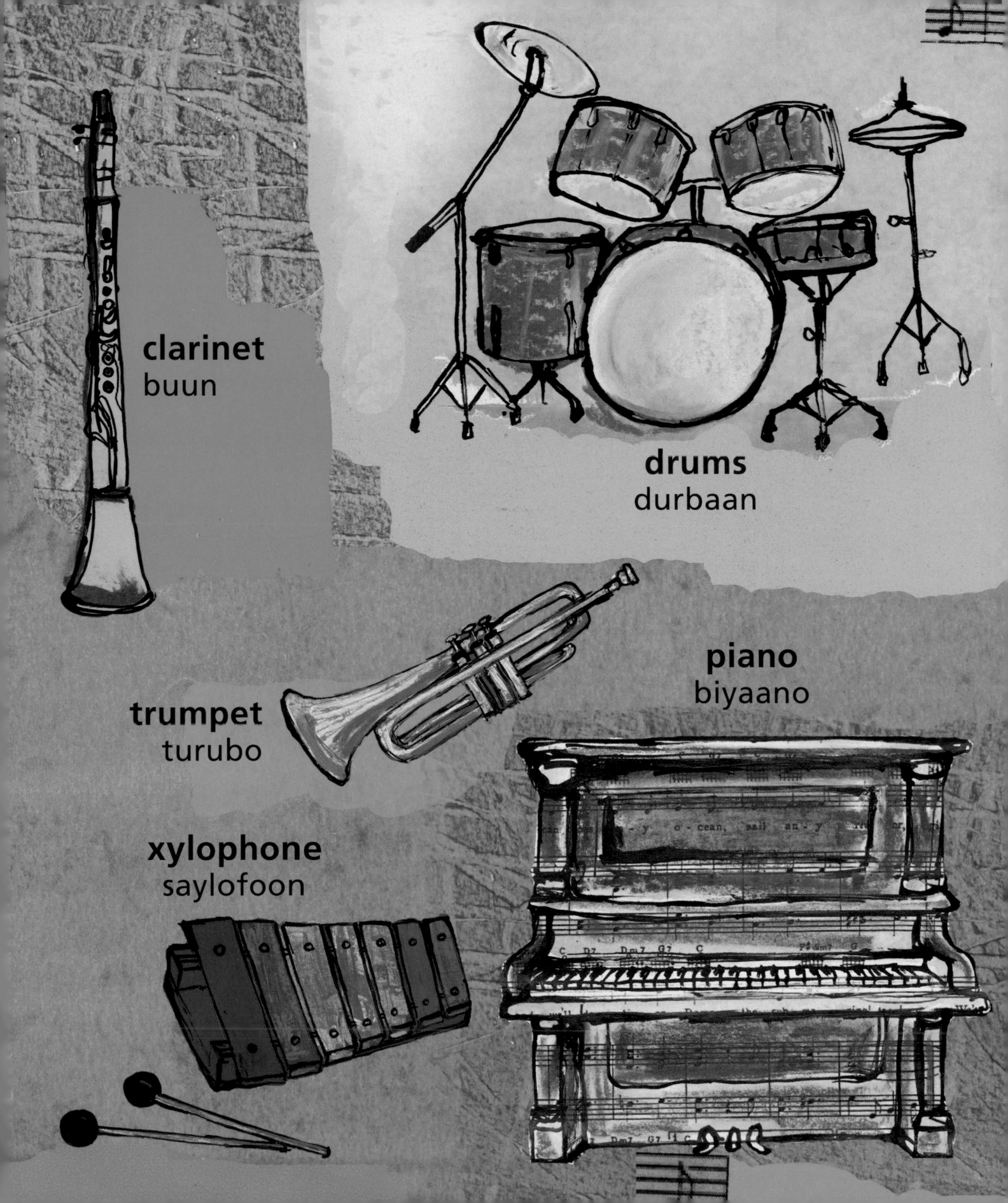
clarinet
buun
drums
durbaan
trumpet
turubo
piano
biyaano
xylophone
saylofoon

SPORTS & GAMES
CIYARAHA IYO TARTAMADA

skateboard
alwaax dhulka lagu ordo

video games
cajalad cayaar fiidiyow

cards
turub ciyaaris

football / soccer ball
kubadda cagta

ice skates
kabaha barafka

rollerblades
kabaha barafka lagula ordo

skis
baraf-daadsan ku orod

chess
jees
baseball
kubadda usha
basketball
kubadda koleyga
glove
gacmogashi
bat
fiidmeer
American football
kubadda cagta maraykanka
tennis ball
kubad miis
tennis racket
usha kubada miiska
cricket ball
kubad kirikedh
cricket bat
ul kirikedh

TRANSPORTATION
GAADIIDKA

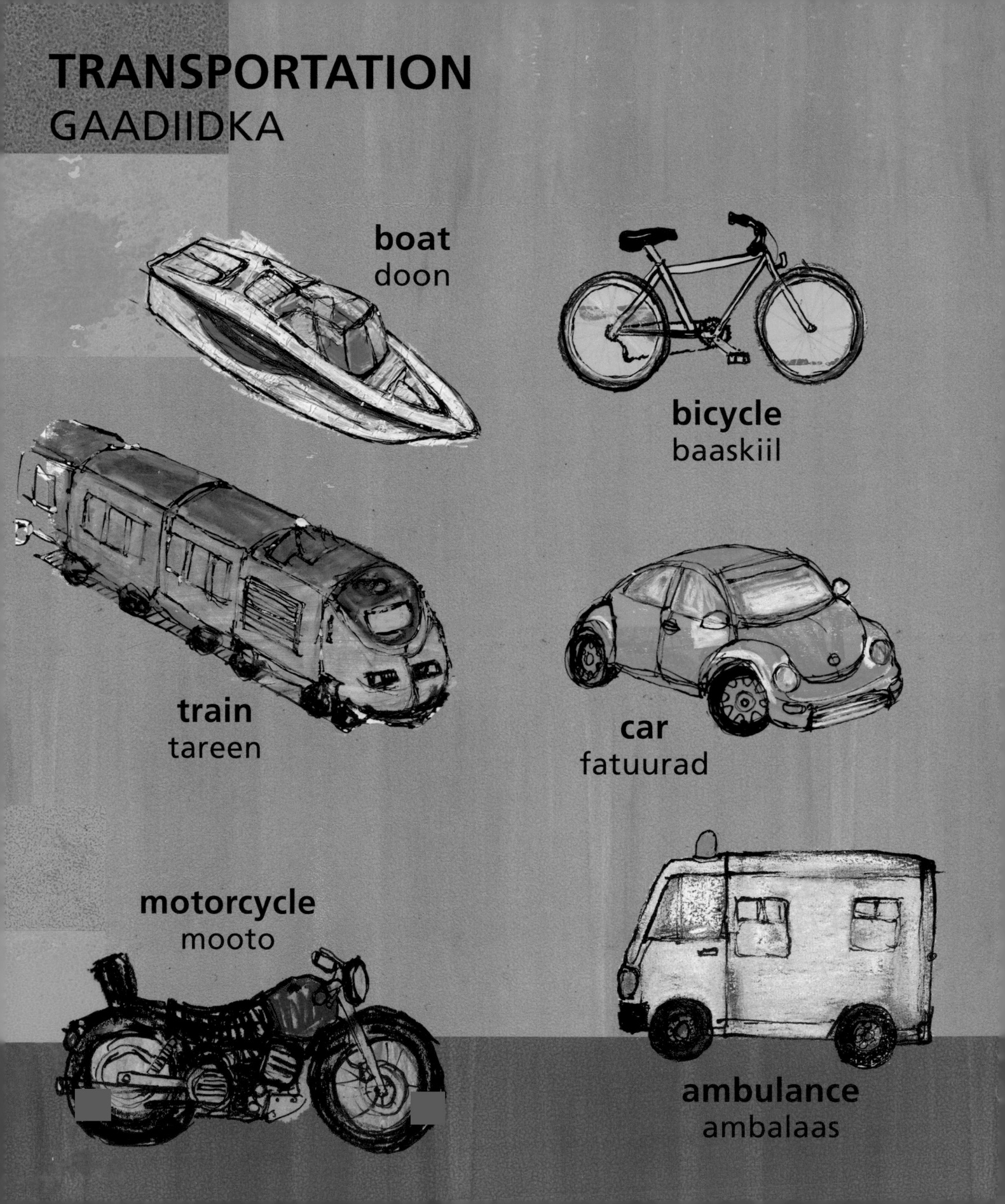

helicopter
helekobtar
plane
diyaarad
fire engine
matoor dab-demis
bus
kuryeeri
truck
gaari
tractor
cagaf

SEASIDE
BADDA

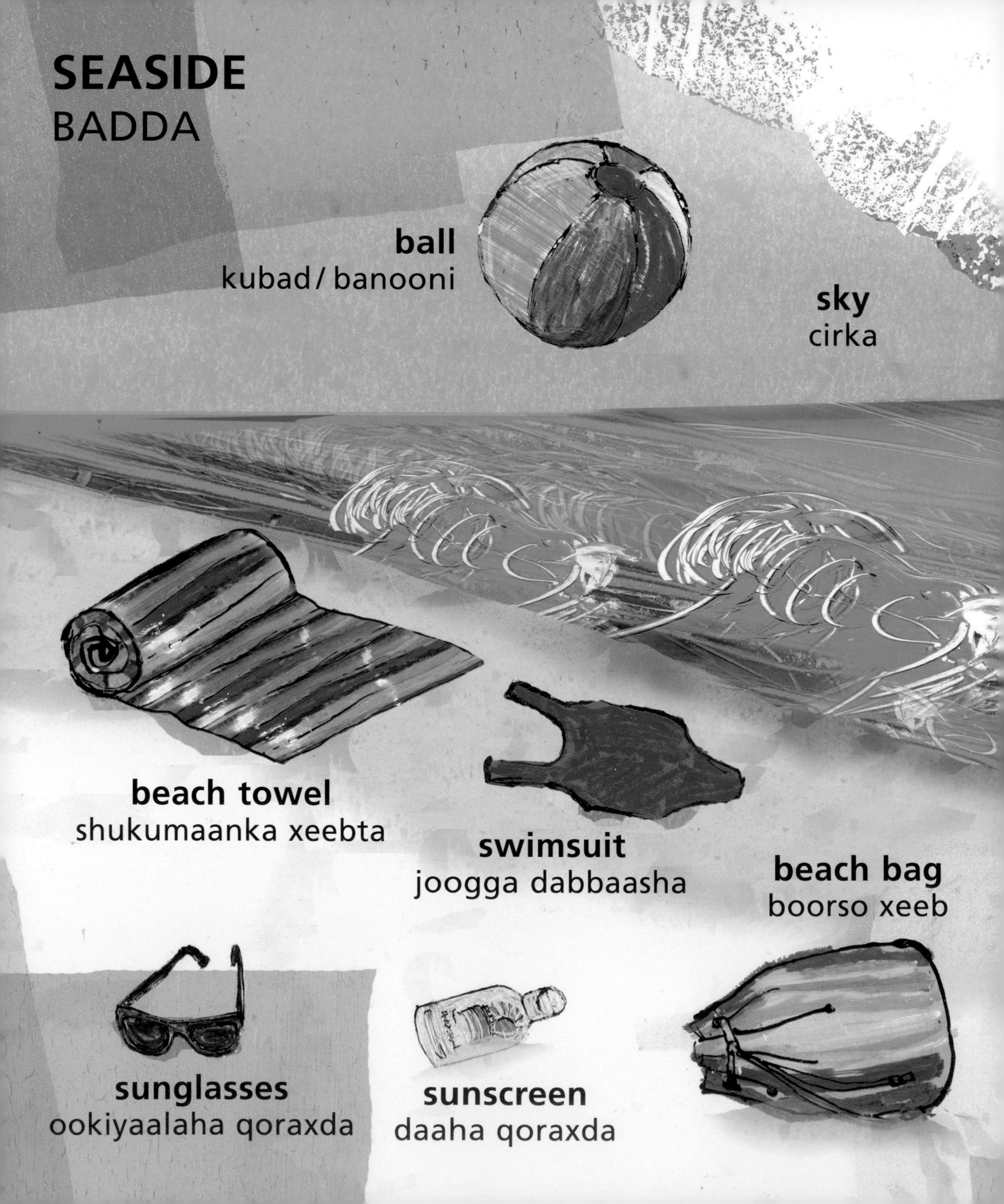

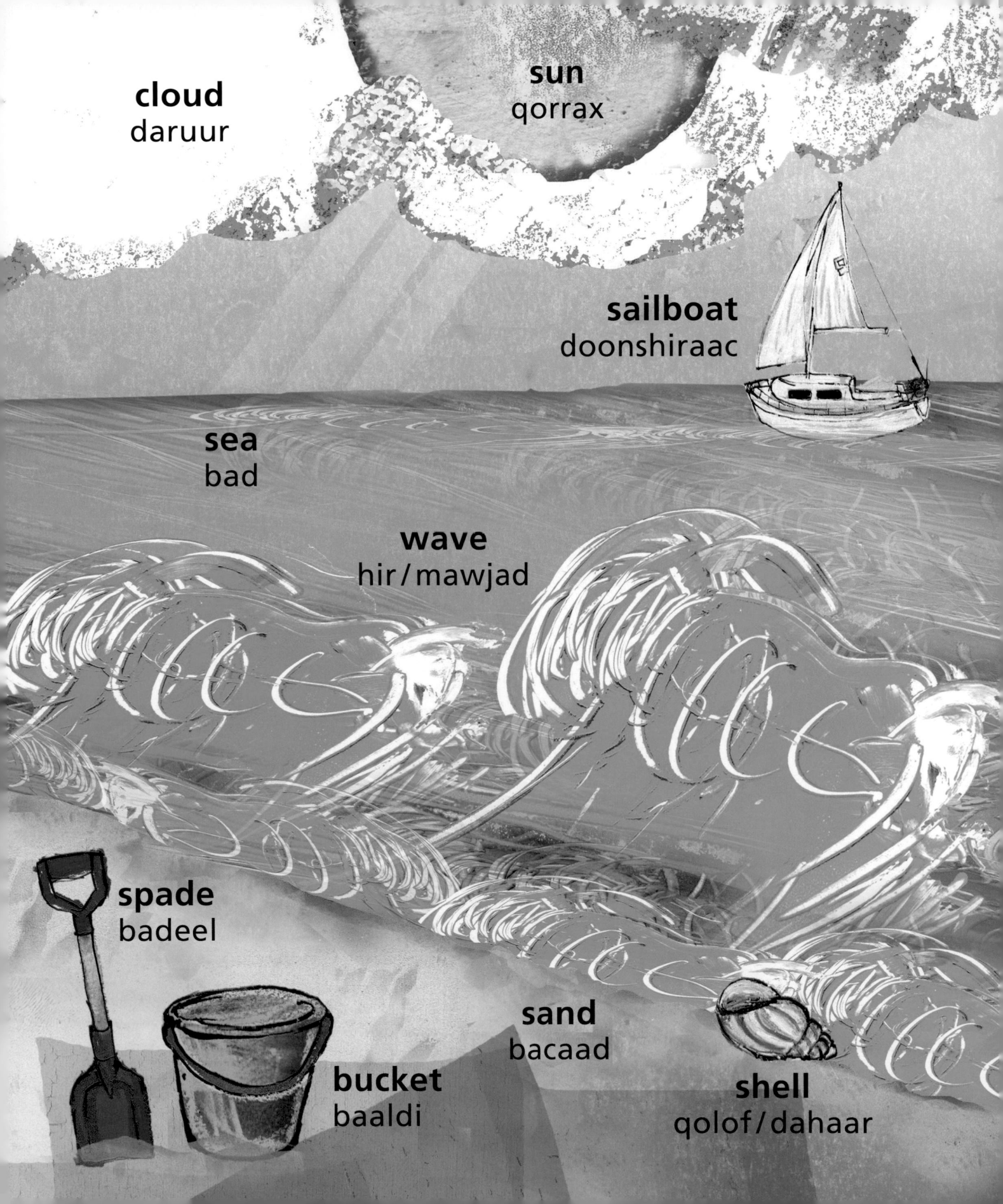
cloud
daruur
sun
qorrax
sailboat
doonshiraac
sea
bad
wave
hir / mawjad
spade
badeel
sand
bacaad
bucket
baaldi
shell
qolof / dahaar